ABÉCÉDAIRE

MÉTHODIQUE,

OU

SYLLABAIRE

Adapté à la capacité dés Enfans,
pour leur faciliter la lecture des
mots entiers.

NOUVELLE ÉDITION.

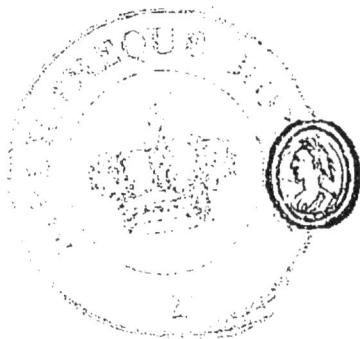

A REMIREMONT,

Chez Ét. Dubiez, Imprimeur-Libraire.

1816.

ALPHABET COMPARÉ.

Lettres Capitales

Romaines,	Italiques,	Courantes.	
A	*A*	a	*a*
B	*B*	b	*b*
C	*C*	c	*c*
D	*D*	d	*d*
E	*E*	e	*e*
F	*F*	f	*f*
G	*G*	g	*g*
H	*H*	h	*h*
I	*I*	i	*i*
J	*J*	j	*j*
K	*K*	k	*k*

L	*L*	l	*l*
M	*M*	m	*m*
N	*N*	n	*n*
O	*O*	o	*o*
P	*P*	p	*p*
Q	*Q*	q	*q*
R	*R*	r	*r*
S	*S*	s	*s*
T	*T*	t	*t*
U	*U*	u	*u*
V	*V*	v	*v*
X	*X*	x	*x*
Y	*Y*	y	*y*
Z	*Z*	z	*z.*

SYLLABES.

Ba	bé	bi	bo	bu
Ca	cé	ci	co	cu
Da	dé	di	do	du
Fa	fé	fi	fo	fu
Ga	gé gue	gi gui	go	gu
Ha	hé	hi	ho	hu
Ja	jé	ji	jo	ju
Ka	ké	ki	ko	ku
La	lé	li	lo	lu
Ma	mé	mi	mo	mu
Na	né	ni	no	nu
Pa	pé	pi	po	pu
Qua	qué	qui	quo	qu

Ra	ré	ri	ro	ru
Sa	sé	si	so	su
Ta	té	ti	to	tu
Va	vé	vi	vo	vu
Xa	xé	xi	xo	xu
Za	zé	zi	zo	zu

Voyelles.

a e i y o u.

Lettres liées ensemble.

æ   œ   fi   ffi

fl   ffl   w

fl   ffl

æ   œ   fi   ffi

MOTS A ÉPELER.

De deux Syllables.

A bel.
Ba bel.
Col let.
Dé bit.
É crit.
Fol let.
Ge lé.
Hi ver.

Im pur.
Ca in.
La ver.
Mi di.
No ël.
Of frir.
Pa ge.
Quar te.

Re fus.
Son ge.
Ti rer.
Pa rer.
U ser.
Vo ler.
I vraie.
Zé ro.

De trois Syllabes.

Al lu mer.
Bar na bé.
Con ver tir.
Dé ci sif.
E lec tif.
Fer me té.
Gra vi té.
His tri on.
Ins pi rer.
Ky ri é.
Lit té ral.

Mar chan der.
Nul li té.
Op po sé.
Par don ner.
Quan ti té.
Rap por ter.
Ser vi teur.
Tour ni quet.
U ni té.
Va ni té.
Zé la teur.

De quatre Syllabes.

Ap pe san ti.
Bouf fon ne rie.
Ca lom ni eux.
Dé cha lan dé.
É cor ni fleur.
Fa mi li er. |
Gour man di se.
Hé ro ïs me.
I mi ta teur.
Ju ri di que.
Li mo na de.

Mé di ta tif.
Non cha lan ce.
Ob ser va teur.
Pé dan te rie.
Quo ti di en.
Ré fle xi on.
Ser vi tu de.
Ter gi ver ser.
U ti li té.
Vé ra ci té.

De cinq Syllabes.

A bré vi a teur.
Bé a ti tu de.
Ca lom ni a teur.
Dé so la ti on.
En cou ra ge ment.
Fan fa ron na de.
Gé né ro si té.
His to ri que ment.
In con so la ble.
Jar di ni è re.
La pi da ti on.

Mar ty ro lo ge.
No men cla tu re.
Or di nai re ment.
Pa res seu se ment.
Quin qua gé si me.
Ré tré cis se ment.
Sen su a li té.
Trans mu ta ti on.
U sur pa ti on.
Vé ri ta ble ment.
Cha ri ta ble ment.

~~~~~~~~~~~~~~~~~~~~~~~~~~~~~~

LETTRES ACCENTUÉES.

Nota. Avant d'aller plus loin, le Maître doit expliquer ce que sont les voyelles ou sons naturels de la voix ; ce que sont les consonnes ou lettres qui n'ont de son que quand elles sont jointes aux voyelles ; ce que sont les diphtongues, etc. ce que sont enfin les lettres accentuées, ou dont le son est modifié par un accent qu'on place dessus.

Ces accens rendent la voyelle plus ou moins longue.

L'accent aigu se marque ainsi (´)

EXEMPLE.

Cré a teur.	Ré gent.
É co le.	Ré fé ré.
É cor ce.	Vé ri té.
Cré an ce.	Té mé ri té.
Fer me té.	É té.
Fi er té.	

L'accent grave se marque ainsi (`).

EXEMPLE.

Pè re.	Pro cès.
Mè re.	Ac cès.
Mi sè re.	Au près.
Suc cès.	A près.
Pro grès.	Très.

L'accent circonflexe se marque ainsi (^).

E X E M P L E.

â
- Crâ ne.
- Pâ te.
- Mâ le.

ê
- Fê te.
- Mê me.
- Tê te.
- Tem pê te.

î
- Gî te.
- A bî me.
- Maî tre.

ô
- A pô tre.
- Cô te.
- Dô me.

û
- Flû te.
- Bû che.
- Eû tes.

Le tréma se marque ainsi (¨).

E X E M P L E.

Ha ïr.   Sa ül.
A ïeul.   Mo ï se.
É sa ü.   Na ïf.
Po ë te.   Si na ï.

D I P H T O N G U E S.

Li ard.   Nu it.
Ci el.   Di eu.
Fi o le.   Ai mi ons.
Mo ël le.   Lo in.
É cu el le.

Cas où l'on prononce ch, *comme si c'étoit un* k.

Christ.	Or ches tre.
Chré ti en.	Cho ris te.
Chœur (*d'église*).	Chro ni que.
Eu cha ris tie.	An ti o chus.

Le Ç *prononcé comme deux* S.

Re çu.	For çat.
Su ço ter.	Fran çois.
Gar çon.	Ma çon.
Fa ça de.	

G *mouillé*, gn.

Rè gne.	Oi gnon.
Pei gne.	Com pa gnie.
Ro gnon.	Cam pa gne.

L *mouillée.*

Cueil lir.	Fau teuil.
Feuil le.	É cu reuil.
Re cueil.	É cueil.

eil.

O seil le.	Gro seil le.
Mer veil le.	Ver meil le.
Som meil.	

œil.

Œil let.	Œil lè re.

ouil.

Mouil ler.	Que nouil le.
Bouil li.	Gre nouil le.
Pa trouil le.	Ci trouil le.

ille

Fil le.	Ba bil le.
Gen til le.	Quil les.

ail.

Bail.	En trail les.
Ba tail le.	Pail le.
Cail les.	Fu né rail les.

Prononciation de ph *comme* f.

Phi lo so phe.	Mé ta phy si que.
Phi lo so phie.	Phy si cien.
Pro phè te.	Phra se.
Pro phé tie.	Phar ma cie.
Phy si que.	Pha ri sien.

H *aspirée.*

Hé ros.	Hé raut.
Hé ro ï ne.	Har di.
Hé ro ï que.	

X *prononcée comme* S.

Au xer re.	Dix.
Six.	Soi xan te.

Oi *prononcé comme* ai.

J'a vois.	Fran çois (*de France.*)
Il fai soit.	An glois.

Oi *prononcé comme* oi.

Em ploi.	Dé voi ler.
Moi tié.	Boi re.
Ex ploit.	Fran çois (*nom*).

T *prononcé comme* ci.

Pa ti en ce.	I nep tie.
Pri ma tie.	I ni ti er.
Am bi ti on.	Pro phé tie.
Bal bu ti er.	A ris to cra tie.
Par ti al.	Dé mo cra tie.

Em, en *prononcés comme* an *quand ils sont suivis d'une consonne.*

Fem me.	En du rer.
En fant.	Em pê che ment.
Em bras ser.	En dur cis se ment.

EXERCICES DE LECTURE.

LA jeu nes se est le tems le plus pré ci eux de la vie.

On est or di nai re ment tou te sa vie ce qu'on a com men cé à ê tre dans ses pre mi è res an nées. On recueil le dans la vieil les se ce qu'on a se mé dans son en fan ce.

Ser vez Dieu dans vo tre en fance, si vous vou lez at ti rer sur vous ses bé né dic ti ons.

Ai mez, res pec tez vos pè res et mè res, si vous vou lez plai re à Dieu, et ê tre heu reux en cet te vie et en l'au tre.

Je sus–Christ, le mo dè le des enfans, a été sou mis et o bé is sant à saint Jo seph et à la sain te Vier ge sa mère.

É vi tez les mau vai ses com pa gnies, com me vous é vi te riez des gens qui au roient la pes te; et tous ceux qui font mal, ou qui vous ex ci tent

à le fai re, sont de mau vai ses com-
pa gnies.

Ins trui sez-vous de vo tre re li-
gi on. On ne peut pas la pra ti quer,
si on ne la sait pas. Sans re li gi on,
il n'y a point de par fait hon nê te
hom me.

Soy ez hon nê tes en vers tout le
mon de; ne mé pri sez per son ne; on
a sou vent be soin d'un plus pe tit
que soi.

EABLES.

La Four mi et la Ci ga le.

LA Four mi la bo ri eu se a mas soit
pen dant l'é té le bled né ces sai re
pour l'hi ver, et la Ci ga le chan toit.
L'hi ver ve nu, la Ci ga le pres sée
par la faim, pri a la Four mi sa voi-
si ne de lui prê ter des vi vres Que
fai sois-tu donc pen dant l'é té? lui
de man da la Four mi. Je chan tois,
ré pon dit la Ci ga le. Eh bien, dan se
à pré sent, re par tit la Four mi.

Mo ra le. Il faut tra vail ler dans la jeu nes se, si l'on veut a voir du pain dans la vieil les se.

Le Pay san et l'Ar bre.

Un Pay san cul ti voit des ar bres qu'il a voit plan tés dans son jar din. En tre ces ar bres, il y en a voit un qui a voit u ne mau vai se fi gu re. Quel qu'un qui pas sa, lui con seil la de cor ri ger le dé faut de cet ar bre, pen dant qu'il é toit en co re jeu ne; mais le Pay san mé pri sa son a vis, et crut qu'il se roit en co re tems quand il se roit plus grand et plus fort. Il at ten dit donc; mais au bout de quel ques an nées, l'Ar bre de vint si fort, qu'il ne fut plus pos si ble de le re dres ser.

Mo ra le. Il faut pren dre dans la jeu nes se les ha bi tu des que l'on veut a voir dans un â ge plus a van cé.

Le Chien et son ombre.

Un Chien qui passoit une rivière, tenant dans sa gueule un morceau de viande, apperçut son ombre dans l'eau, et s'imagina voir un morceau de viande plus gros que celui qu'il tenoit. Désireux de l'avoir, il lâcha le sien pour courir après l'autre ; mais il se trouva trompé, car il n'eut ni l'un ni l'autre.

Morale. Quand on veut avoir trop, on finit souvent par n'avoir rien.

Les deux Écrevisses.

Une vieille Écrevisse faisoit des reproches à sa fille de ce qu'en marchant, elle ne faisoit pas un pas sans aller à droite et à gauche. La fille lui répondit : ma mère, montrez-moi comment je dois faire, et je vous imiterai.

Morale. Le bon exemple est la meilleure de toutes les instructions.

F I N.

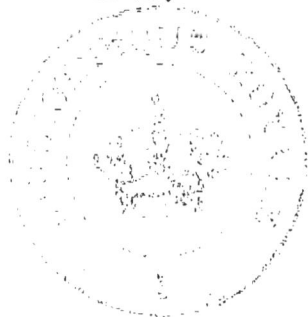